अधूरी बातें

कुछ अनकही कुछ अनसुनी

राहुल श्रीवास्तव

Copyright © Rahul Shrivastava
All Rights Reserved.

ISBN 979-888555655-2

This book has been published with all efforts taken to make the material error-free after the consent of the author. However, the author and the publisher do not assume and hereby disclaim any liability to any party for any loss, damage, or disruption caused by errors or omissions, whether such errors or omissions result from negligence, accident, or any other cause.

While every effort has been made to avoid any mistake or omission, this publication is being sold on the condition and understanding that neither the author nor the publishers or printers would be liable in any manner to any person by reason of any mistake or omission in this publication or for any action taken or omitted to be taken or advice rendered or accepted on the basis of this work. For any defect in printing or binding the publishers will be liable only to replace the defective copy by another copy of this work then available.

I am dedicating this book to my parents.

क्रम-सूची

क्रम-सूची

प्रस्तावना

"कुछ खास नहीं, बस दिल उदास है।
चाहें जिन्हें वो, ना मेरे आस पास हैं।
दिल में ना आस और उदासी बेहिसाब है।"

भूमिका

"मेरी जाने के बाद भी, मेरा काम शोर करता रहेगा।
हुई खामोश मेरी आवाज़ भले ही, एहसास मेरा बना रहेगा।"

1. अधूरी बातें

"सब घर बनाते रहते हैं, पर खुशियों से बिफरे रहते हैं।
साथ मे हैं तो जीवन है, अकेले तो मकबरे मे रहते हैं।"

"पास हो पर एहसास ना हो, पानी हो पर प्यास ना हो।
सांसें हों पर आस ना हो, जीना ऐसे बर्दाश्त ना हो।"

सोचता हुँ , अब जाग जाऊँ।बहुत हुआ, यहां से अब भाग जाऊँ।
सागर किनारे, कई लकीरें खींची थीं।
सब बह गयीं, सोचा था लकीरों से इसे बांध जाऊँ।"

" कहते हैं लिख कर जला देने से यादें मिट जाती है ?"

"दोस्त वो होता है जो अस्त होने तक साथ निभाए।"

2. जुगनू

"जुगनुओं को ताकते, रात भर जागते।
सो ना सके कभी,कि नींद में भी जागते।
पास थे हमारे पर, ना पास हम आ सके ।
मिल ना सके कभी, कि उम्र भर भागते।
क्या से क्या ये हो गया,कि देखते ही देखते।
दिल में जो था,वोह दिल में ही बस रह गया।
अब याद में ही रह गये, जो पल गुजारे साथ आपके।"

एक दिन मिल जाता, जिंदगी भर की बातें कर लेता।
एक दिन मिल जाता, एक बार फिर से मिल पाता।"

3. जिंदगी

"जो कल एक मुस्कराती हुई शाम थी, वो आज एक
बेशकीमती सुबह है।
कल के हसीन पलों में जिंदगी थी, आज का हर पल
जिंदगी है। "

"अंतिम निर्णय हमेशा आपका है, जीवन में ये बात जान
लो।
ये आपके ऊपर है, भागलो या भाग लो।"

"तुमसे नफरत भी नहीं, पर अब तेरी चाहत भी नहीं।
तुझसे गुस्सा नहीं हूं, पर हाँ बहुत आहत हूं ।"

"तेरी गलतफहमी में, बिसार दी दुनिया सारी ।
जिनको छोड़ा तेरे लिए, अब उनका ता-उम्र अपराधी हूं।"

4. आधी बात

"आधी रात हो चुकी है, नींद नहीं आती है मुझको।
आधी बात हो चुकी है ,पूरी बात नहीं आती है मुझको।
समुंदर भरा पड़ा हैं, मगर प्यास नहीं है मुझको।
छुपा हूं अंधेरे में, जिंदगी कहीं ढूंढ ना लेना तुम मुझको।"

"गिरेंगे तब ही उठाएगा, या गिरने से भी बचाएगा।"

"नजरें चुरा कर बात कहता है, कुछ है जो छुपा के बात
कहता है।
क्या है जो मैं जानता नहीं हूं, फिर क्यूँ किसी मुगालते में
रहता है।"

"मुस्कराहटों में दर्द झलक आता है, आंसुओं से आस जाग
जाती है।
गुज़रता हर पल उलझा हुआ सा है, रोते हुए भूल जाता हूँ
हसते ही याद आ जाती है। "

5. देश

"सरहदों में बंधी जमीन की रखवाली कौन करे, इंसान को
फ़िक्र नहीं कौन जिए कौन मरे।
तुम्हारे लिए आज एक फौजी और मर गया,किसी की
दुनिया किसी का घर उजड़ गया।"

"खुद को में से आजाद कर चुके हो, तो happy
independence day.
खुद को नफ़रतों से आजाद कर चुके हो, तो happy
independence day.
ये मेरा ये तेरा से खुद को आजाद कर चुके हो, तो happy
independence day.
किसी लड़की को देख कर अपनी बहन याद आ जाए, तो
happy independence day.
पब्लिक property को damage नहीं करते ho, तो
happy independence day.
यदि भारतीय होने पर गर्व है, तो happy independence
day.
देशभक्ति यदि instagram के अलावा दिल में भी है, तो
happy independence day।"

6. इश्क

"बहती नदी बहता पानी, कल-कल कहता पल-पल की
कहानी।
कभी हसना कभी रोना, कभी पाना कभी खोना।
कभी मिलना कभी बिछड़ना, कभी हसी के ठहाके कभी
झर-झर आँखों से बहता पानी।"

"इश्क किसी से हो, तो दुनिया मजनू समझती है ।
इश्क खुद से हो, तो पागल समझती है।
इश्क खुदा से हो, तो बावला समझती है।
मुझे शक है, कि दुनिया इश्क भी समझती है।"

"बेघर मुसाफिर की मंजिल कहाँ है ?"

7. दर्द

"दर्द जो तेरा कम कर पाता, या तो तेरा दर्द सह पाता।
कुछ कर सकता तो वो कर जाता, गर तू मुझको कुछ तो
बताता।"

"दर्द जब अपने देते हैं, बड़े गहरे देते हैं।
चोट दिल को लगती है, ज़ख्म आत्मा पर होते हैं।"

"अपने दिल को समझा लेता हूं, कभी ग़म से दिल बहला
लेता हूं।
आसुओं की कमी नहीं आंखों में, इस नमीं से दर्द को सींच
देता हूं।"

"अब मेरा दर्द भी नहीं दिखता किसी को, अब मेरे आंसू
बेवजह हो गए।
अपने तो गए ही जहां से, जो रह गए वो सब पराये हो
गए।"

8. तन्हा

" बहुत तन्हा थी यह शाम, ना कोई उलझन ना कोई ग़म
।"

"में और मेरा दर्द, अब एक दूसरे के साथी हैं।
ना मेरा कोई बाकी है, ना इसका कोई बाकी है।"

"दर्द मुझे कहता है, कि में तेरा उम्र भर का साथी हूं।
खुशियां का क्या हैं, फुलझड़ी की तरह चमक के बुझ
जाएंगी।
इन पल दो पल की मौज में, क्यूं मुझे भूलता है।
तेरे जीवन का आरम्भ भी में, और अंत भी में ही हूँ।"

9. आंखें

" मेरे बारे में दिल मे कोई ख्याल मत रखना,मैंने बंद किया है दिल को किराये से देना ।"

***

" मुश्किलों जरा ठहरो, बंदा ये ना हार पाऐगा। ये जानता है, वक़्त ये भी गुज़र जाएगा ।"

***

"बेहतर है गलतफहमी में जीना, आंखें खुलती हैं तो दिल टूट जाता है।"

***

" मैं गलत हूं, या दुनिया सही है। कैसे हर बात गलत है, जो मैंने कही है?"

***

"कल वाला मैं आज नहीं हूं, सुबह वाला भी मैं शाम नहीं हूँ।
क्या हूँ मैं जो में नहीं हूँ, जो में हूँ वो मैं जानता ही नहीं हूँ।"

***

10. ज़ख्म

"अपनों के दिए ज़ख्मों का कुछ ऐसा मंजर था,
कि हाथ में हमारा दिल और दिल में घुपा एक खंजर था।"

❧ ❧ ❧

" ये पेड़ नहीं कट रहे, कट रही हैं जड़ें हमारी।"

❧ ❧ ❧

"लहू बनके जो यादें सीने में बहती हैं , कैसे उन्हें भुला दें
वो कहती हैं।
मैं अधूरा हूं उनके बिना, और दुनिया मुझे आगे बढ़ने को
कहती है।"

❧ ❧ ❧

मुझे मत ढूंढो , मैं खुद को तलाश रहा हूँ।
जिस दिन खुद को पा लूँगा, तुम को भी मिल जाऊँगा।"

❧ ❧ ❧

11. रात

"तू नाराज है मुझसे, कि अब मैं बात नहीं करता ।
क्या बताऊँ तुम्हें, अब मैं किसी को याद भी नहीं करता।"

" रात की खामोशी बहुत शोर करती है।"

"जब गिरने का डर खत्म हो जाए, तो उड़ने का मजा
दुगना हो जाता है।"

"तुम प्यार तो नहीं करते ..पर ये तो बताओ नफरत की
हद क्या है?"

"किसी की कोई तमन्ना हो तो बता दे, मेरी अपनी नहीं है
तू ही जता दे ।"

" मैं अजनबी हूं, कई सालों से यहां ।"

12. इंसान

" किसी किस्से का हिस्सा ही बन जाएं , यही काफी है कि बस इंसान बन जाएं।"

❧❧❧

"जिंदगी में दर्द कम हो जाएं, बस अब आंखों में खुशी का पानी चाहिए ।
कोई जो लिखे अप्सरा सी कहानी, जिंदगी तुझे भी एक जानी चाहिए।"

❧❧❧

"ये आंसू बड़े जिगरी हैं मेरे, बिन बुलाए चले आते हैं।
पर जब जाते हैं, तो संग अपने थोड़े ग़म ले जाते हैं।"

❧❧❧

"हर बात हर किसी को समझ नहीं आती, और ये बात हर किसी की समझ नहीं आती।"

❧❧❧

"किसी ने कहा है कि -" 6 महीने से जिस चीज को इस्तेमाल नहीं किया, वो आगे भी इस्तेमाल में नहीं आता। क्या ये लोगों पर भी लागू होता है??"

❧❧❧

"अंधेरे को रोशन करने, एक जुगनू ही काफी है। जिंदगी को रोशन करने, एक माफी ही काफी है।"

❧ ❧ ❧

" मुस्कराते होठों की असलियत, ये आँखों के काले घेरे बता देते हैं।"

13. कर्जदार

"लुटाता रहा खुशियां जिंदगी भर, आज सुनकर ये में भर
गया हूं।
सोचता था घर जिसे, वहीं में कर्जदार बन गया हूं।"

"तुमको मुझमे एक चोर नजर आता है, मेरी हर बात में
एक फरेब नजर आता है।
है तरीका नहीं कोई पास में मेरे, दिखा दूँ वो जो तुमको
नजर नहीं आता है।"

"कभी सूरज को रुकने को मनाया है , कभी कंचों को जेब
में छुपाया है?
कभी परांठे को दूध में डुबाया है, कभी गाय को चारा
खिलाया है?"

"मैंने कुछ कहा नहीं, इसका मतलब ये नहीं कि कुछ हुआ
ही नहीं।"

14. सर्दियाँ

"पत्ते झड़ने लगे हैं, हवाओं में ठंडक सी है।
धूप की राह देखती हैं आंखें, सर्दियाँ आने को है।"

❧ ❧ ❧

" मुस्कुराकर मिला करो हमसे, गमगीन चेहरे अब देखे
नहीं जाते ।"

❧ ❧ ❧

"ये कोहरा ये बर्फबारी, ये बर्फीली हवाएँ ये रातें अंधियारी।
रोकने की अधूरी कोशिशें हैं , जो पतझड़ के साथ समर्पण
कर देंगी।"

❧ ❧ ❧

"दिल तो कहता है, कि सब सही मान लें ।पर ये आंखें तो
सब सच देख लेती हैं।"

❧ ❧ ❧

"ये ना पूछ कि मेरे दर्द की दवा क्या है। ये बता कि इस
दर्द की वज़ह क्या है।"

❧ ❧ ❧

"अक्सर अनजानी राहों पर मंजिलें मिल जाया करती हैं।"

15. तूफ़ान

"इन आँधियों से कहो, जरा शोर कम करें।
तूफ़ान सोया हुआ है, जाग गया तो सिर्फ हवाएँ बेचेंगी।"

"इस उम्मीद में कि, किसी मोड़ पर फिर मुलाकात होगी।
में रोज नए-नए रास्ते, अख्तियार करता हूं।"

"इस उम्मीद में कि, किसी मोड़ पर फिर मुलाकात होगी।
में रोज नए रास्ते बदलता चलता हूं।"

" बिना कहे कुछ कह गए, सुना नहीं पर समझ गए।"

"वही ताल है वही सडकें हैं, वही बाग है सब वही का वही
है।
फिर भी ना वो खुशी है ना वो अपनापन है,अब यहां कुछ
कमी सी है।"

16. तो जिंदा हैं हम

"सिर्फ सांसे लेना ही सबूत है जिंदगी का.........तो जिंदा हैं हम।

सिर्फ ग़मों को छुपाकर मुस्कुराना ही है जिंदगी....तो जिंदा हैं हम।

अपनी यादों मे खुद उलझ जाना ही जिंदगी है...तो जिंदा हैं हम।

ज़ख्म रूह पर हों और मरहम जिस्म पर लगाना जिंदगी है...तो जिंदा हैं हम ।

आज़ाद का ख़याल हो पर हर रोज़ बंध जाना ग़र जिंदगी है...तो जिंदा हैं हम।

दिल की बात लबों तक ना आ पाना ग़र जिंदगी है..तो जिंदा हैं हम।

फेहरिस्त बड़ी लंबी हो पर हर बात ना लिख पाना ग़र जिंदगी है...तो....जिंदा हैं हम।"

17. इंतजार

"दिन गुजर जाता है, रात के इंतजार में।
जो नहीं पा सकता, अब इस जहां में/
वो पल जी पाता हूं, में अब ख्वाब में।"

"मेरी जाने के बाद भी, मेरा काम शोर करता रहेगा।
हुई खामोश मेरी आवाज़ भले ही, एहसास मेरा बना
रहेगा।"

"अक्सर हम गलतफहमियां को हकीकत मान लेते हैं, जो
कि जीवन के लिए बहुत हानिकारक होती हैं।"

"कुछ खास नहीं, बस दिल उदास है।
चाहें जिन्हें वो ना मेरे आस पास हैं।
दिल में ना आस और उदासी बेहिसाब है।"

18. कोई कल नहीं है

"जो है आज है, कोई कल नहीं है। क्यूंकि कल जब
आएगा, वो भी आज हो जाएगा। "

❧❧❧

"कभी छलकती आंखों से देखा है आसमाँ, सूनेपन में भी
एक इन्द्रधनुष दिखता है।"

❧❧❧

"ये युद्ध स्वयं के विरुद्ध है।"

❧❧❧

" हम चंबल से हैं, अपने दर्द को कारतूस में भर कर चलते
हैं।
इस दर्द को भरकर दुनाली जो दागी, तो कहलाते हम
बागी।"

❧❧❧

"अकेले रहना ही अच्छा लगता है आज-कल,
भीड़ में जरा तन्हा हो जाता हूँ ।"

19. में अब में नहीं हूं

"निकल गया ये साल, आगे बढ़े सब पीछे छूटा।
कभी ठेस लगी और कभी दिल भी टूटा।
अपनों का अपनों से साथ भी है छूटा।
कौन गलत कौन सही, जो बच सका उसको समेटा।
नये साल में जा रहे हम, दिल है भारी मन है खट्टा।
सिर्फ़ नया साल नहीं, ये अब नया समय है ।
अलग विचार और अब अलग विषय हैं।
जीवन जीना है और कुछ करके जाना है, ये निश्चय है।
जो चले गए वो याद रहेंगे, उनके आदर्श अब साथ रहेंगे।
जो साथ रहे उनको नमन है, बाकी सबका हार्दिक
अभिनंदन है।
जो चले गए, वो जीवन थे मेरा। अब इस रात का जाने
कब होगा सवेरा।
मौन हूं क्यूंकि अशांत हूं, भावनाओं का सागर प्रशांत हूं।
तुमसे खफ़ा नहीं, पर हाँ चोट तो लगी है।
तुमसे ही क्या खुद से भी शिकायत है।
अपनी नाव को अब किनारे लगा रहा हूँ, सागर का माही
अब सागर छोड़ रहा हूं।
मेरे पिछले जीवन से मुझको अब मत आंकना,
मेरे इस सफर में आकर अब मत झाँकना।
धोखा खाओगे, शायद तुम मुझको पहचान नहीं पाओगे।
में अब में नहीं हूं , शायद कभी तुम जान पाओगे।"

20. नकाब

"चेहरे से नकाब क्या हटा, आप ने पहचानना ही बंद कर दिया।
अरे हम वही हैं ,जो आपकी हर बकवास पर मुस्करा देते थे।"

❧❧❧

"कुछ कहते, तो हम सह लेते। ये खामोशी, बहुत दर्द देती है।"

❧❧❧

"ये रोज रात को, रात क्यूँ होती है। रात से कह दो,हमें रात सहन नहीं होती है।"

❧❧❧

"बड़ा अजीब सफर है, ना कोई यात्री ना हमसफर है।
कहां से चले कहां जा रहे, ना ये पता कि मंजिलें किधर हैं।
घुटनों के बीच में, सर अपना दिए बैठे हैं।
सिहरा देती हैं जो बदन, उन हवाओं में सिरहाना ढूँढते हैं।"

21. सितारे

"रातों को रात ही रहने दो, आसमाँ ना बनाओ।
जमीन पर हैं यहीं सारे, इन्हें सितारे ना बनाओ।"

"ना मेरा हसना ही सच, ना मेरा रोना ही सच।
पेड़ नहीं फल नहीं में ढूँठ हूं, मैं एक झूठ हूं।"

"बढ़ रहा हूं आगे इस उम्मीद से, कि जो चले गए हैं, वो
फिर मिलेंगे किसी मोड़ पर।"

"जो बोल पाती हवाएँ, तो ना जाने क्या - क्या कह
जातीं।"

मुझे मत बता, कि मेरी जगह क्या है।
मुझे पता है, मेरे होने की वजह क्या है।"

22. बेशरम इश्क

" ये बेशरम इश्क है, भुलाए नहीं भूलेगा ।
तू किसी की भी हो जा, पर प्यार पहला मेरा ही रहेगा।
ये बेशरम इश्क है, हार नहीं मानेगा।
तू मुझे करे ना करे, ये तुझे ही चाहेगा।
ये बेशरमु इश्क है, एक दिन इसका भी आएगा।
किसी रोज तुमको भी, मुझसे प्यार हो जाएगा।"

"कश्ती में बैठे हुए गहराई का पता नहीं चलता।
और तैरना आ जाए तो गहराई से फर्क़ नहीं पढ़ता।"

23. डाकिया

"आँखों में नींद है, पर सपने कहाँ हैं।
हर जगह भीड़ है, पर वो अपने कहाँ हैं।
मिल जाती कोई खोज-खबर उनकी, कि सब कुशल-मंगल
है।
ला पाता कोई चिट्ठी कोई तार ,अपने झोले में खुशियां
बांटता वो डाकिया कहाँ है।"

"क्यूँ तारों में चमक, कुछ कम सी है।
आज चांद की चांदनी भी, कुछ कम सी है।
सब खुशियां हैं यहां, पर खुशी जरा कम सी है।
जिंदा तो हैं, पर जिंदगी जरा गुमसुम सी है।"

"नशे जो होते वो, भुला जो देते वोह।
हम भी कर लेते वो, मिला जो देते वोह ।"

24. हमराह

"अपने ज़ख्मों को अपना दोस्त बना ले, अपनी मुश्किलों
को हमराह बना ले।
मुस्कराते हुए मिला करो इससे, जिंदगी जैसी भी हो बस
गले लगा ले। "

" तेरे साथ थे कदम, तो कदमों में मेरे वजन था।
अकेले तो शाख के पत्ते, हल्की सी हवा कोई यहां कोई
वहां।"

" लुटाता रहा खुशियां जिंदगी भर, और आज अपने ही घर
में कर्जदार बन गया हूं।"

"अब बीमार होता हूँ, तो डर नहीं लगता।
जीने के भी कारण हैं,और मरने के भी।"

Beginning of the end !!

www.ingramcontent.com/pod-product-compliance
Lightning Source LLC
Chambersburg PA
CBHW040205160726
48006CB00014B/1906